Gedichtsammlung II
1. Frau Barth

Mit unserer hübschen Bürgermeisterin hat alles einen Sinn.
Folgendes glaubt mir kein Hase:
Eines Morgens grüßte sie mich einfach auf der Straße!
Liiert ist sie mit einem Prinzen.
Ich weiß nicht, vielleicht essen die beiden gern Linsen!
Sie ist 3 Jahre älter als ich.
Das schweißt zusammen- wundert euch nicht!
Ich bin begeistert von ihr.
Das glaubt mir kein Tier.
Einmal bat ich sie um ein Autogramm von ihrem Partner Jens.
Das war letztes Jahr im Lenz.
Zwei Tage später war es in meinem Briefkasten, ohne,
dass ich sie tat belasten.

Dichterin: Marie Kreßkiewitz

Für die Dichterin
Marieleen lieben Gruß
einen lieben Gruß
von
Prinz Jacky
!!

2. Vermisste Mama aufgrund Corona

Liebe Mama, Du glaubst es kaum, wir treffen uns in keinem Raum.
Die Zeit ohne Dich ist schwer, alles ist so leer.
Wann sehen wir uns denn wieder?
Das weiß kein Flieder.
Komm doch bitte in meinen Arm!
Dann wird es mir ums Herz ganz warm.
Möcht Dich nicht mehr missen, sondern lieber küssen.

3. Einsamkeit

Schwer ist ein einsames Leben.
Man hat nichts mehr zu Streben.
Einsamkeit bringt nicht viel.
Man verliert schnell sein Ziel.

Man fragt sich oft nach dem Warum?
Da bleiben alle Anderen stumm.
Leicht ist das nicht.
Dabei hat man einfach kein Licht.
Nichts bewegt sich mehr.
Alles ist so leer.

4. Kathleen

Anfangs fiel´s mir schwer- immer zu sagen das „Sie"!
Da schmerzte mir stets mein Knie,
Doch dann sagte sie ich kann auch ruhig „Du" sagen.
Ergotherapie tut gut.
Das glaubt mir kein Knut.
Kathleen heißt sie.
Dabei schmerzt mir nie mein Knie.

5. Meine liebe Hausärztin Frau Dr. Schmitzer

Ich kenne eine gaaaaaaaaaaaaaaaaaaaaaanz liebe Hausärztin.
Sie heißt wie meine ehemalige Pfaarrerin mit Vornamen: Ina.
Jedoch hatte ich bei ihr noch nie Angina.
Noch besser ist der Zusammenhang mit ihrem Nachnamen:
Schmitzer ist ihr Name.
Schmietz hieß meine Lieblinggskatzendame.
Ich hab sie gern,
auch,wenn sie manchmal ist so fern.

Torgau,d. 22.07.2020

Patientin/Dichterin: Marie Kreßkiewitz

6. Für Opa Heinz

Lieber Opa Heinz,
am liebsten würde ich schreiben du warst meins!

aber nein, teilen musste ich Dich.
Das war meine Pflicht.
Leider bist Du seit 05.11.2011 tot.
Nichts ist mehr im Lot.
Die Zeit ohne Dich ist schwer.
Alles ist so leer.
Du riefst mich jeden Abend an.
Die Frage war immer nur wann?
Heute hättest Du Deinen 91. Geburtstag,
zudem ich Dir gern was sagen mag:
„Ohne Dich herrscht großer Schmerz,
Opi, Du liegst mir sehr am Herz!"

Dichterin: Enkelin Marie Kreßkiewitz

-unsere gemeinsame Lieblingsblume-
<u>7. Hier eine kleine Aufmerksamkeit</u>

Für die beste Freundin der Welt.

Wir wohnen ein bisschen weit voneinander entfernt.
Das habe ich gelernt.
Ich habe dich gern,
auch, wenn du bist so fern.
Deine Ehrlichkeit schätze ich immer an Dir.
Das bitte glaube mir..

88. Renate und Bernd

Liebe Renate und lieber Bernd,

für eure ständige Hilfe danke ich euch,
ihr seid die, die mich nie enttäusch.
Wie ihr ja wisst, habe ich keine Großeltern mehr.
Diese Tatsache ist in meinem Alter sehr schwer.
Es verletzt mich wirklich sehr.
Man kann sagen „Alles verläuft ohne meine Großeltern quer".

Aber zum Glück durfte ich euch im Sommer 2018 kennenlern.
Allerdings habe ich nun Angst, da ihr durch Corona seid fern.
Ich hoffe stark, dass wir bleiben in Kontakt.
Das ist ein sehr wichtiger Fakt.
Aber dann werde ich sagen: „Ich hab euch gern,
auch, wenn ihr seid so fern!"
Ich hoffe sehr, euch gefällt mein für euch gedachtes sentimentales Gedicht!
Ihr seid meine Ersatzgroßeltern schlicht.

Liebe Grüße

Euer Mariechen

Vom MVB kenne ich einen netten Herrn.
Ich hab ihn gern,
auch, wenn er ist so fern.
Ich finde ihn gut zu 100 Prozent.
Denn ich schätze an ihm, daß er stets ist kompetent.
Seinen Namen verrat nicht.
Ich hoffe, ihm gefällt mein Gedicht.

10. Frau doktor Baum

Ich kenne eine tolle Ärztin.
Mit ihr hat alles einen Sinn-
Vor neun Jahren rettete ihre Klinik mein Leben.
Bei der Baklofenfüllung freue ich mich stets, wenn sie ist daneben.
Ich hatte damals eine Überlebungschance von nur fünf Prozent.
Ich schätze an ihr, dass sie immer ist kompetent.

●

- ## *11. Schatz*

- **1. Für immer Dein**

- Liebling, ich schreib Dir heute ein Gedicht, denn gekaufte Geschenke mag ich nicht.

-

- Lieber Schatz, das, was ich Dir jetzt schreibe, passt nicht in einen Satz!

-

- Ich hab Dich gern, auch, wenn Du manchmal bist so fern.

-

- Uns kann nichts mehr trennen- es ist schön, dass wir uns kennen.

-

- Solltest Du wissen, ich möcht Dich nie mehr missen.

-

- **2. Weil ich Dich liebe**

-

- Wir gehen gemeinsam durch dick und dünn- damit hat alles einen Sinn.

-

- Ich möcht keinen anderen haben, das wollt ich Dir schon immer mal sagen!
-
- Eins steht fest und das ist kein Test!
- Wir gehören zusamm- das wird immer so bleiben.
-
- Wir gehen durch dick und dünn schon an die die 3 Jahr und bleiben zusamm und das ist doch klar!
-

3. Unsere gemeinsame Zukunft

- Das kann doch nicht sein und es geht doch: Wir zwei für immer und ewig.
-
- Du bist mein König.
-
- Lass mich bitte nie allein- das könnte nicht sein.
-
- Ich liebe Dich- sowie auch Du mich?
- Hochzeit ist bald, hoffentlich ist´s da nicht

kalt.
-
- Komm, nimm mich in Deinen Arm- ich bin auch ganz zahm.
-
- Ich möcht Dich nie mehr missen, komm, lass uns küssen.
-
- Lass uns zusamm in unsere Zukunft schreiten- wir haben kaum Unannehmlichkeiten.
-
- Du bist mein Stern, ich hab Dich unendlich gern.
-
- Das ist alles kein Scherz, Du bist mein Herz!
-
-

12. Wundschwester Anja

-
- Wenn du Wunden hast, lass Dir von Anja helfen.-

- Sie tut dir ständig aushelfen.
- Die Wunden werden schnell besser.
- auch, wenn du bist ein Fresser.
- Sie tut dir dabei nicht weh.
- Sie ist eben wie eine Fee.
- Sie hilft aus, wo sie nur kann.
- Das glaubt Dir kein Mann.

13. AOK- Kerstin

Ich kenne die beste Krankenkasse der Welt.
Da herrscht eine unkomplizierte Zeit.

Mit einer Pflegeberaterin
hat alles einen Sinn.
Kerstin heißt sie.
Da schmerzt mir nicht das Knie.
Wir kommunizieren gut.
Das glaubt mir kein Knut.
Ich habe Dich gern,
auch, wenn Du bist so fern.
Du findest meine Schriftstellerei toll.
Davon ist Dein E-Mail Posteingang voll.

14 ***Peter Kloeppel***
15

Lieber Peter Kloeppel,
Sie glauben es kaum,
diese Zeilen passen auf keinen Saum.
Ich glaube, ich bin Ihr größter Fan
und ich bin überzeugt, Sie tun mich kennen.
Schon fünf Autogramme sind in meinem Rahmen.
Bei „RTL aktuell" bin ich ganz zahm.
Wenn Sie moderieren,
darf mich nichts stören.
Ich weiß, sind Sie lange nicht da,
Sie befinden sich bei Ihrer Tochter in den USA.

Was ich noch toll find, ist,
dass Sie wie ich Waage sind.
Das glaubt mir kein Kind.
Ich denke, Sie sind wie ich stets
harmoniebedürftig und ehrlich.

Das ist doch einfach nur herrlich.
 Ich hoffe, Ihnen gefällt mein Gedichtlein.
Meine lieben Freunde finden es fein.

Dichterin: Marie Kreßkiewitz

1515. Liebe Pfarrerin

15Meine ehemalige Pfarrerin rief mich vorhin an.
Da freute ich mich-das glaubt mir kein Mann.
Wir sehen uns fast nie.

Da schmerzt mir stets mein Knie.
Wir telefonieren oft.
Und wenn sie kommt, dann unverhofft.
Ich habe sie gern.
Auch, wenn sie ist so fern.

16

16
17
<u>18*16.* Abschiedsgedicht Sarah</u>
19
20Liebe Sarah,
21leider magst Du mich nicht mehr therapieren.
22Aus dem Grund, weil ich mich tat blamieren.

23 Wir hatten gemeinsame Ziele,
24 die nun leider ins Wasser fiele.
25 Die Atemtherapie tat mir immer gut.
26 Das schreibe ich heute mit viel Mut.
27 Leider verstandst Du nicht meine derzeitige schwierige Lage.
28 Das ist nun meinerseits keine Klage.
29 Schwer ist jetzt für mich diese Zeit,
30 deshalb diese kleine Aufmerksamkeit.
31 Bleib so, wie Du jetzt bist.
32 Dann folgt auch keine List.

17. Schmietz

Man glaubt es kaum,
ich habe einen Traum.
Eine Katze wäre das Wunder.
Dann wäre ich immer munter.
Ich würde sie nur kuscheln.
Soviel wie man im Meer findet Muscheln.

Schmietz würde sie heißen.
Ich würde sie sogar abholen lassen aus Meißen.
Ich hätte keine anderen Interessen mehr.
Das alles wäre so fair.
Ihr Aussehen ist mir egal.
Liegen würde sie auch in meinem Regal.

18*Mein Verwalter*
19

Ich kenne einen guten Verwalter.
Wiklich komprtent ist er,
Er ist nett.
Vielleicht verschafft er mir als nächstes eine Wohnung mit Parkett.
Schon zweimal half er mir, eine Wohnung zu

bekommen.
Vielleicht klappt es noch zum dritten Mal eine Wohnung zu bekommen.
Seinen Namen verrat nicht.
Ich hoffe, ihm gefällt mein Gedicht.

19. Klaus

Lieber Klaus- Du Maus,
Dieter und ich wünschen Dir alles Liebe zum heutigen Geburtstag..
zu dem wir Dir gern nennen unseren Auftrag:
Bleib schön gesund und so, wie Du bist.
Dann folgt auch keine List,

weil Du so gegen mein Rauchen bist.
Wir haben Dich gern,
auch, wenn Du bist so fern.

20.Mein Psychiater

Psychiater ist er von Beruf.
Bin fest davon überzeugt, er hat einen guten Ruf.
Ich weiß, er hat eine einjährige Tochter.
Paula heißt sie.
Vergessen nach ihr zu fragen tu ich nie.
Ich mag den besten Psychiater der Welt.
Ich hoffe, daß ihm mein Gedicht gefällt.

21.Unglück(Schlaganfall) im Unglück-(Suizidversuch)

Vor 10 Jahren ist es geschehen.
Zum Glück hat es Jemand gesehen.
Ich sah keine Lösung für mich mehr.
Die Situation war einfach zu schwer.
Ich hatte eine Überlebungschance von 5 Prozent.

Zum Glück war es nicht mein End.
Heute bin ich froh, da zu sein.
Das glaubt mir kein Schwein.

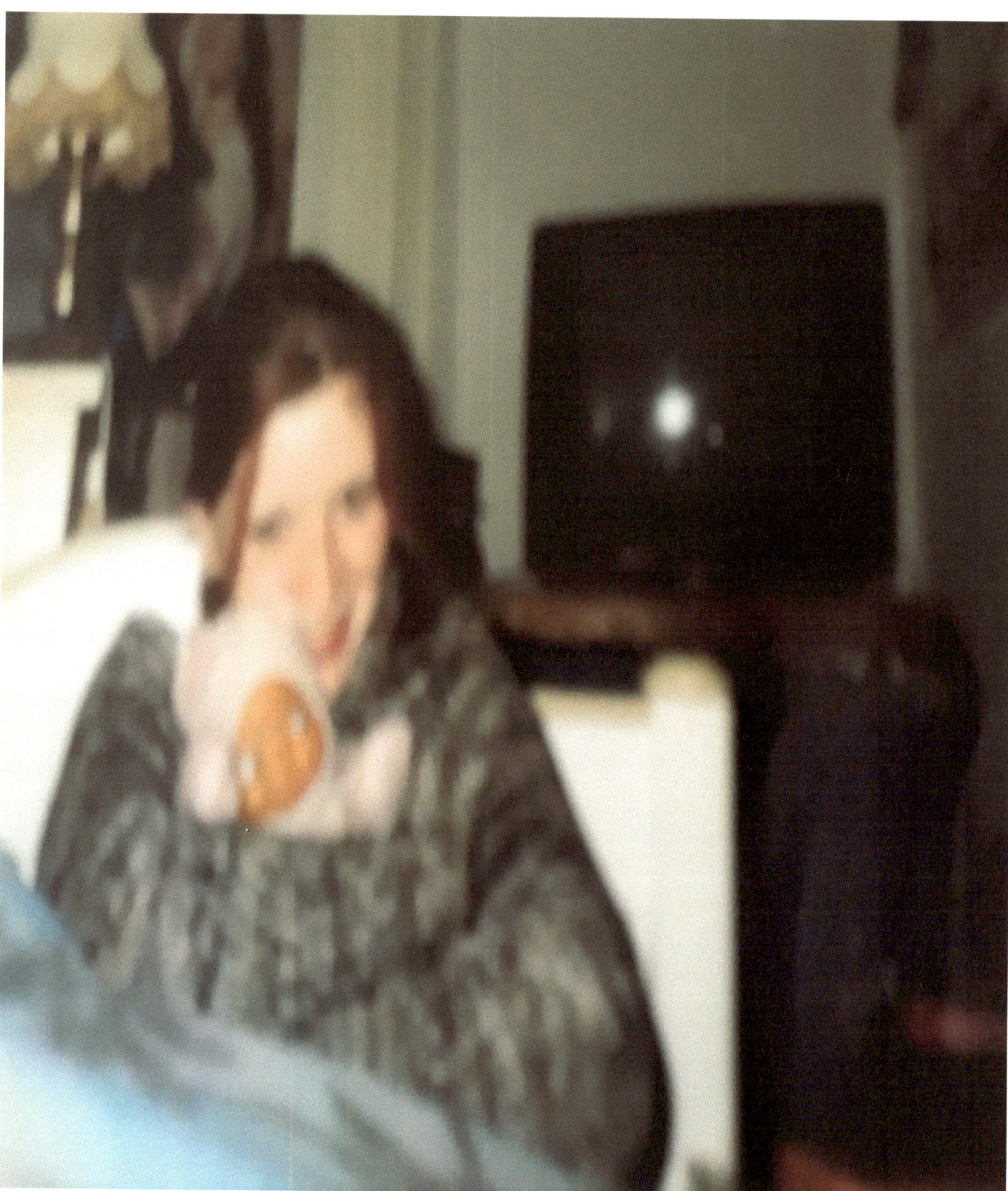

ALLES IST GUT

IMMER POSITIV DENKEN

IMMER POSITIV DENKEN

IMMER POSITIV DENKEN

IMMER POSITIV DENKEN

IMMER POSITIV DENKEN

IMMER POSITIV DENKEN

IMMER POSITIV DENKEN

IMMER POSITIV DENKEN

IMMER POSITIV DENKEN

Bibliografische Information der Deutschen Nationalbibliothek:
Die Deutsche Nationalbibliothek verzeichnet diese Publikation in der Deutschen Nationalbibliografie; detaillierte bibliografische
Daten sind im Internet über http://dnb.dnb.de abrufbar.

TWENTYSIX – Der Self-Publishing-Verlag Eine Kooperation zwischen
der Verlagsgruppe Random House und BoD – Books on Demand, Norderstedt

© 2021 Marie Kreßkiewitz

Herstellung und Verlag:
BoD – Books on Demand, Norderstedt

ISBN: 978-3-7407-7258-1